O MELHOR DA MÚSICA CLÁSSICA

VOL. 3

PIANO SOLO

Nº Cat.: 325-A

Irmãos Vitale S.A. Indústria e Comércio
www.vitale.com.br
Rua França Pinto, 42 Vila Mariana São Paulo SP
CEP: 04016-000 Tel.: 11 5081-9499 Fax: 11 5574-7388

© Copyright 2011 by Irmãos Vitale S.A. Ind. e Com. - São Paulo - Brasil
Todos os direitos autorais reservados para todos os países. *All rights reserved.*

CRÉDITOS

Foto da capa
GENTILMENTE CEDIDA POR
YAMAHA MUSICAL DO BRASIL LTDA.

Capa e projeto gráfico
MAURÍCIO BISCAIA VEIGA

Coordenação editorial
ROBERTO VOTTA

Produção executiva
FERNANDO VITALE

CIP-BRASIL. CATALOGAÇÃO NA FONTE
SINDICATO NACIONAL DOS EDITORES DE LIVROS - RJ.

M469
v.3

O melhor da música clássica, vol. 3 : piano solo. - São Paulo : Irmãos Vitale, 2011.
104p. :música;

ISBN 978-85-7407-338-5

1. Música.
2. Música para piano.
3. Partituras.
   I. Título: Música clássica.

11-3654.   CDD: 786.2
                                                                                  CDU: 78.089.7

17.06.11   22.06.11   027369

ÍNDICE

Asturias
    I. Albeniz..66

Baiãozinho
    T. Tuma..64

Barcarola
    P. I. Tchaikovsky...56

Batuque
    Yves R. Schmidt..71

Berceuse
    Carlos Anes...42

Caixinha de música
    Breno Braga..18

Choro em forma de rondó
    E. Villani Cortês..30

Contos de Hoffmann
    J. Offenbach..80

Dança húngara nº 5
    J. Brahms...92

Fantasia em Ré menor
    W. A. Mozart...74

Impressões do além
    L. França..61

Impromptu
    F. Schubert..5

La fille aux cheveux de lin
    Cl. Debussy..82

Menina triste
    L. P. de Campos...40

O barbeiro de Sevilha
    G. Rossini...20

Pássaro triste
    D. de carvalho..26

1ª Suíte infantil
    Guerra-Peixe..44

Rondó em Dó Maior
    L. V. Beethoven..46

Sonata em Dó Maior
    D. Scarlatti...100

Valsa do adeus
    F. Chopin..96

Valse
    L. Streabbog..28

Vozes da primavera
    J. Strauss...85

Impromptu*

Improviso
Op. 90, nº 2

Revisão de Henry Jolles

FRANZ SCHUBERT

*) O título "Impromptu" foi empregado pela 1ª vez por nm comtemporâneo de Schubert, o compositor Ioh. Hugo Worzischek (1792-1825)

a) o ritmo sincopado tem de ser sempre observado e mantido.

© Copyright 1960 by Irmãos Vitale S.A. Ind. e Com.

a) o ritmo sincopado continua sempre.
b) também aqui;

O MELHOR DA MÚSICA CLÁSSICA

a) Pedal 4 compassos

a) até o quarto compasso antes do fim;
b) a tempo primo
c) alguns não tem o *mi* ♭ no baixo
d) uma das poucas peças em maior terminando em menor (tal o Noturno op. 32, 1 em Si maior de Chopin)

ao pianista Braulio Martins
Caixinha de música

BRENO BRAGA

© Copyright 1970 by Irmãos Vitale S.A. Ind. e Com.

O barbeiro de Sevilha

(Il barbiere di Siviglia)

Sinfonia

GIOACHINO ROSSINI

a Ninfa Glasser

Pássaro triste

do Livro dos Pássaros

DINORÁ DE CARVALHO

Valse

Le petit Carnaval
Op. 105, n° 1

L. Streabbog

Choro em forma de rondó
da Série Brasileira - Op. 8 nª 4

E. VILLANI CÔRTES

© Copyright 1982 by Irmãos Vitale S.A. Ind. e Com.

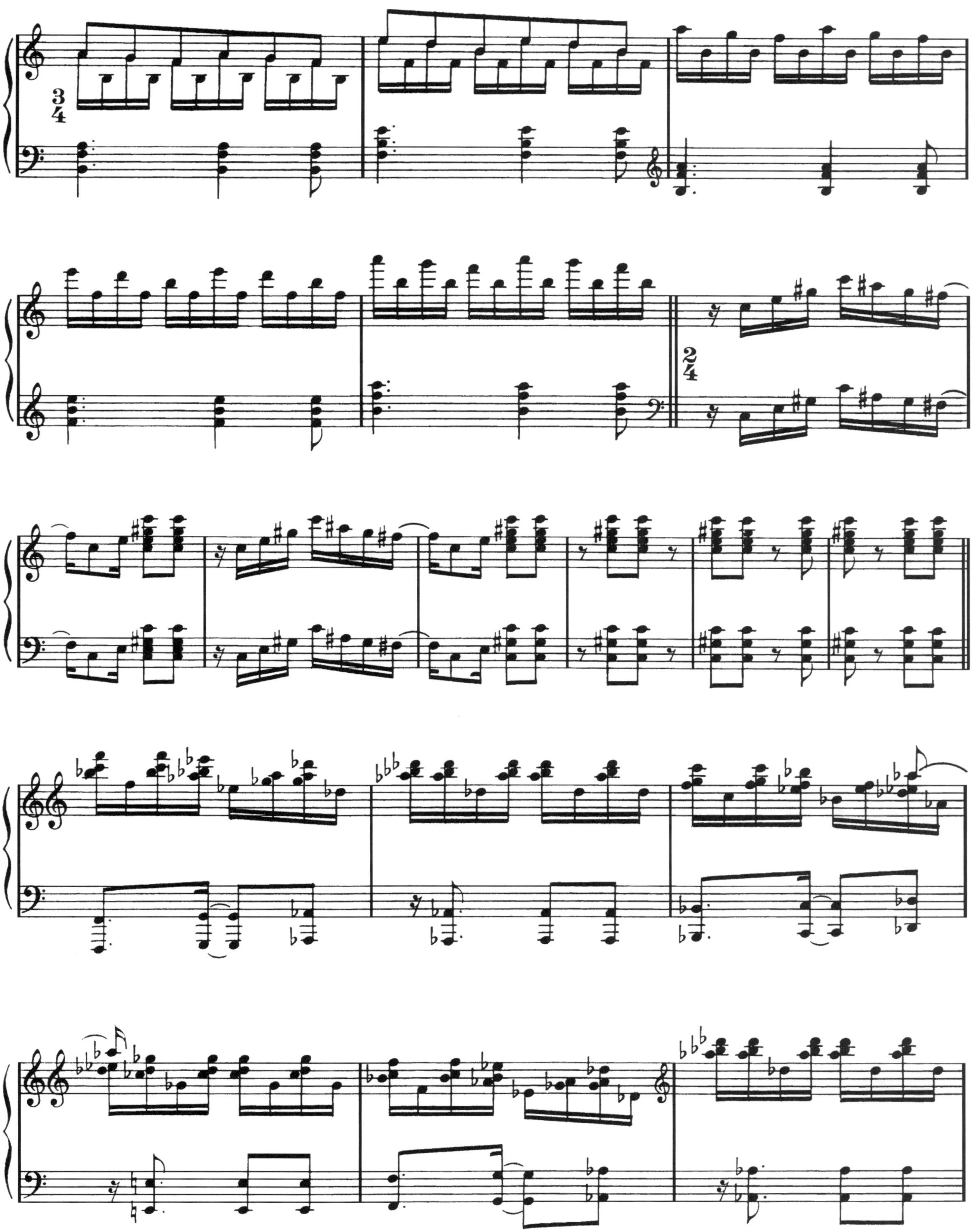
3
4
2
4

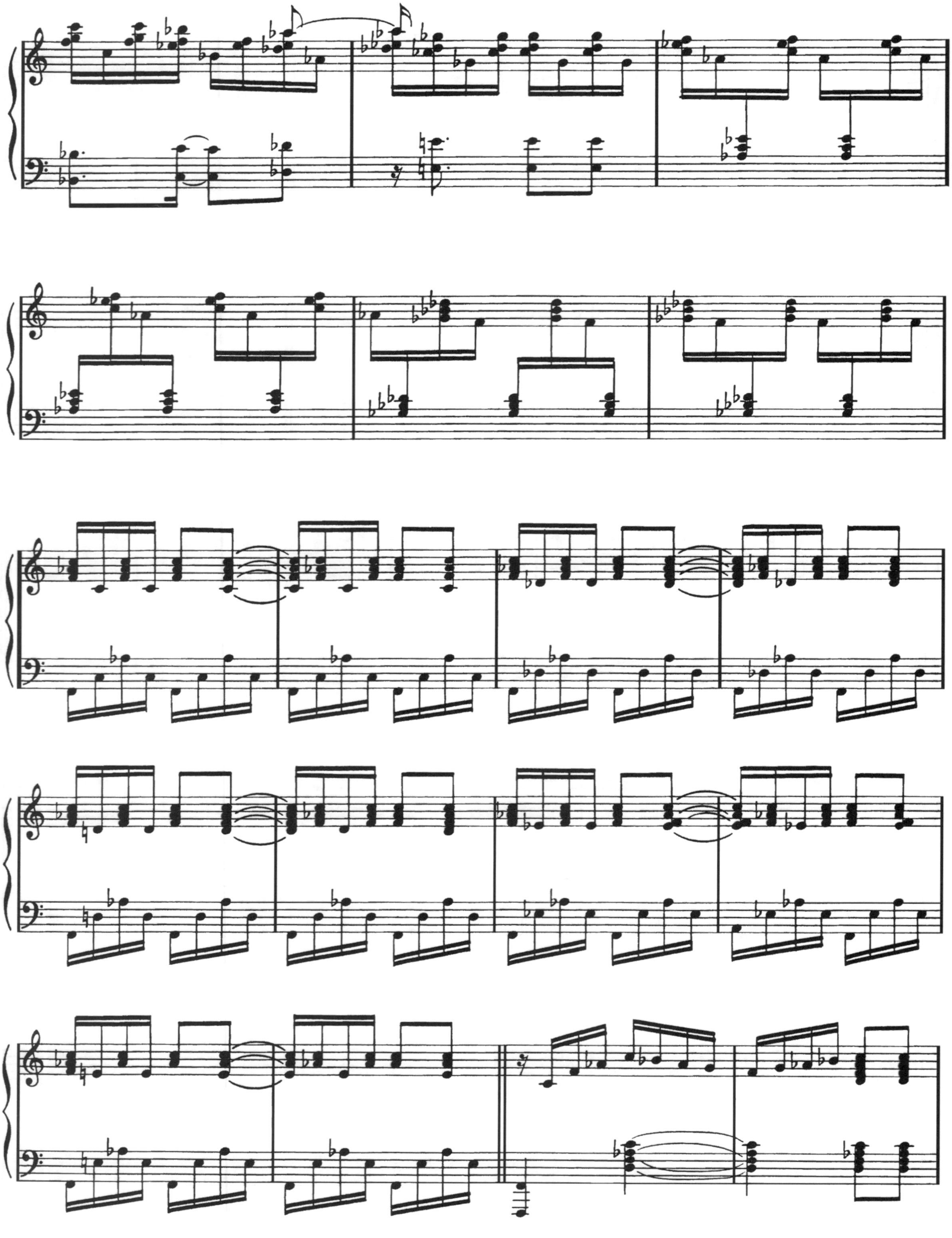

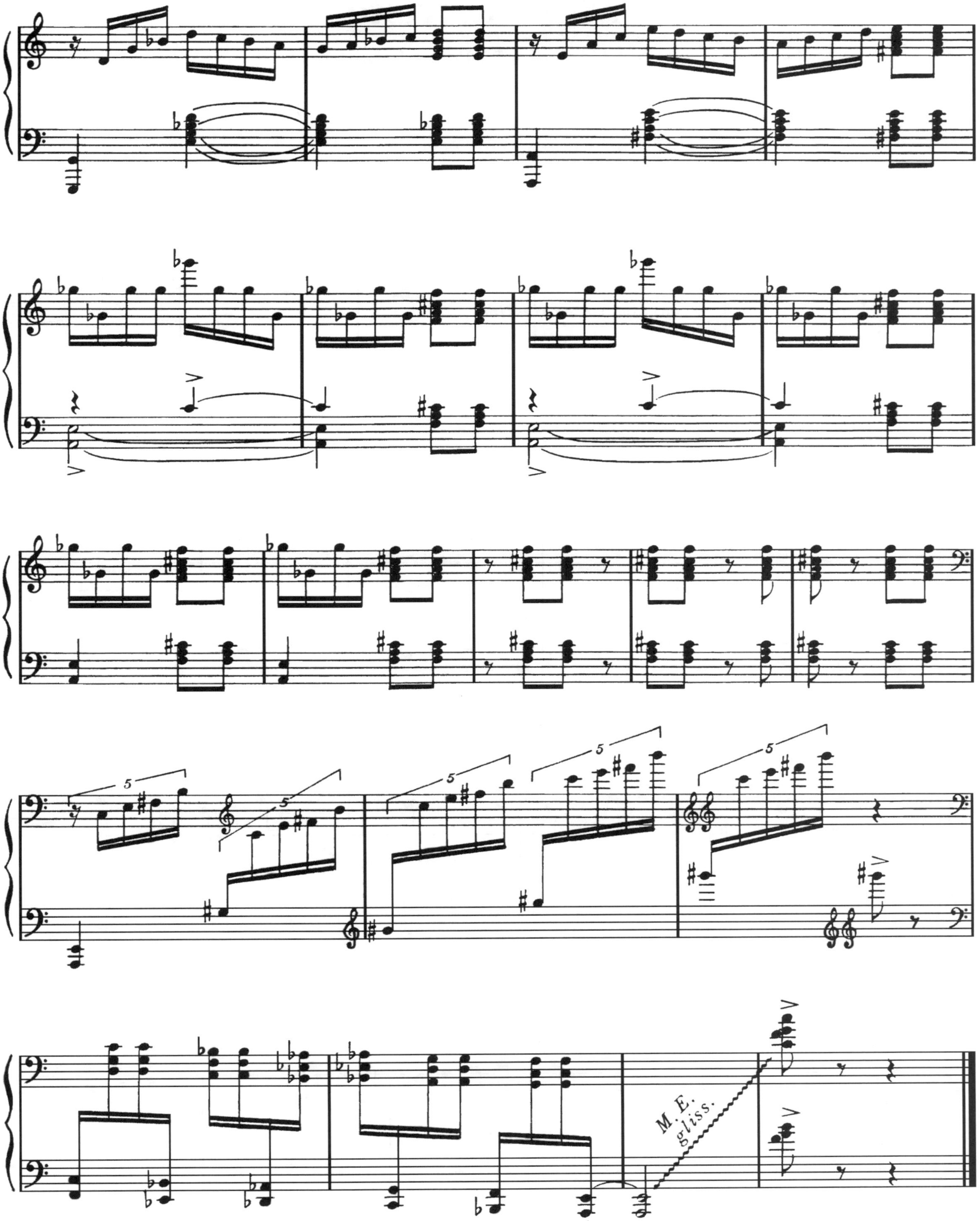
M. E.
gliss.

Para Miriam Becker Lotufo

Menina triste

Nº 1 da coleção Peças Infantis

LINA PIRES DE CAMPOS

Tristonho (♩=120)

p cantando e expressivo

mf

p subito

© Copyright 1967 by Irmãos Vitale S.A. Ind. e Com.

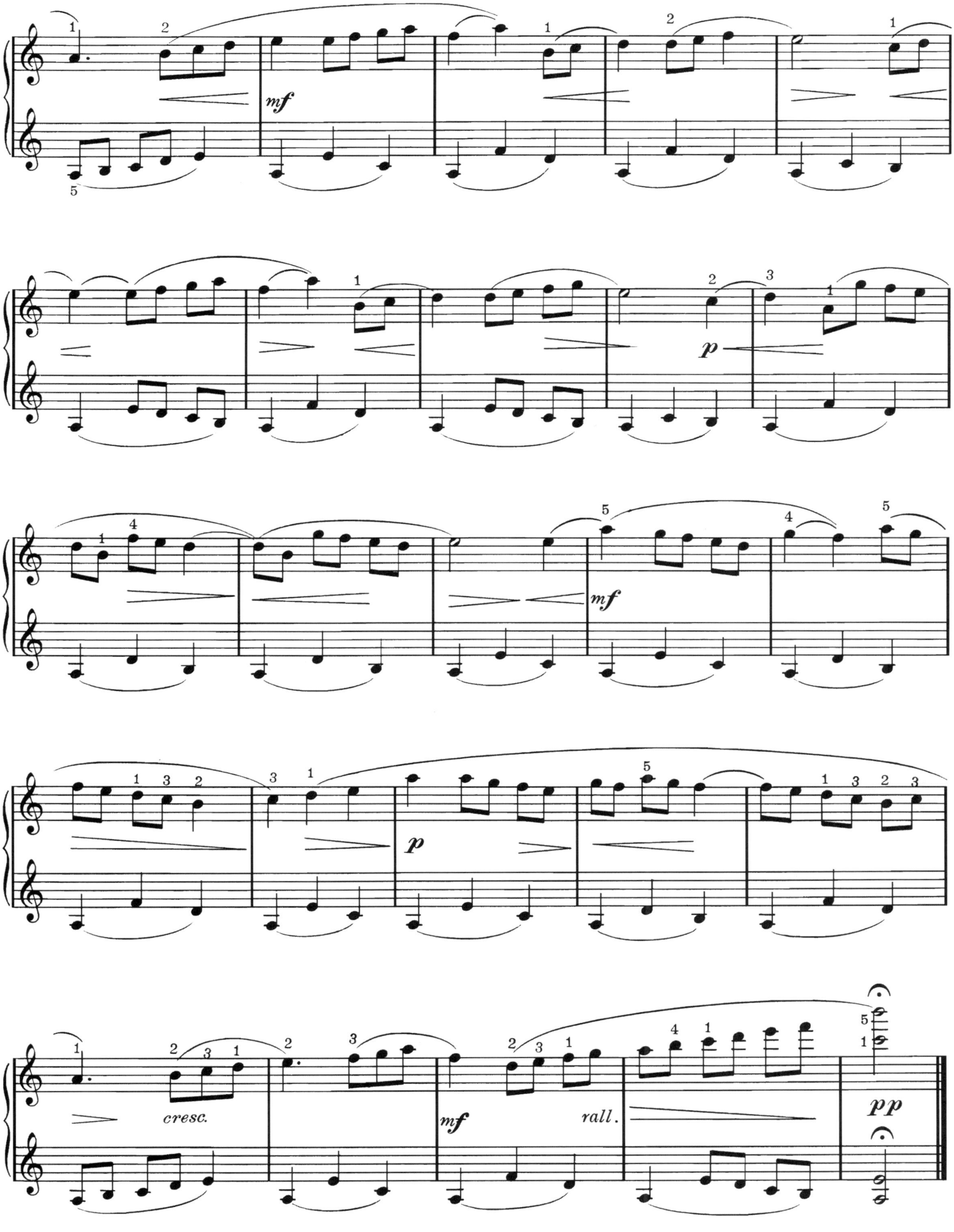

mf
p
mf
p
cresc.
mf
rall.
pp

Berceuse
Op. 53

Revisão de Joanidia Sodré

CARLOS ANES

© Copyright 1958 by Irmãos Vitale S.A. Ind. e Com.

O MELHOR DA MÚSICA CLÁSSICA

1ª Suíte infantil

Nº 4
Seresta

Revisão de Lorenzo Fernândez

GUERRA-PEIXE

O MELHOR DA MÚSICA CLÁSSICA

45

Rondó em Dó Maior

Op. 51. nº 1

Revisão de Osvaldo Lacerda

LUDWIG VAN BEETHOVEN

O MELHOR DA MÚSICA CLÁSSICA

cresc.
f
p
cresc.
decresc.
p
episodio
cresc.
sf p
sf
decresc.
A1
p dolce

O MELHOR DA MÚSICA CLÁSSICA

49

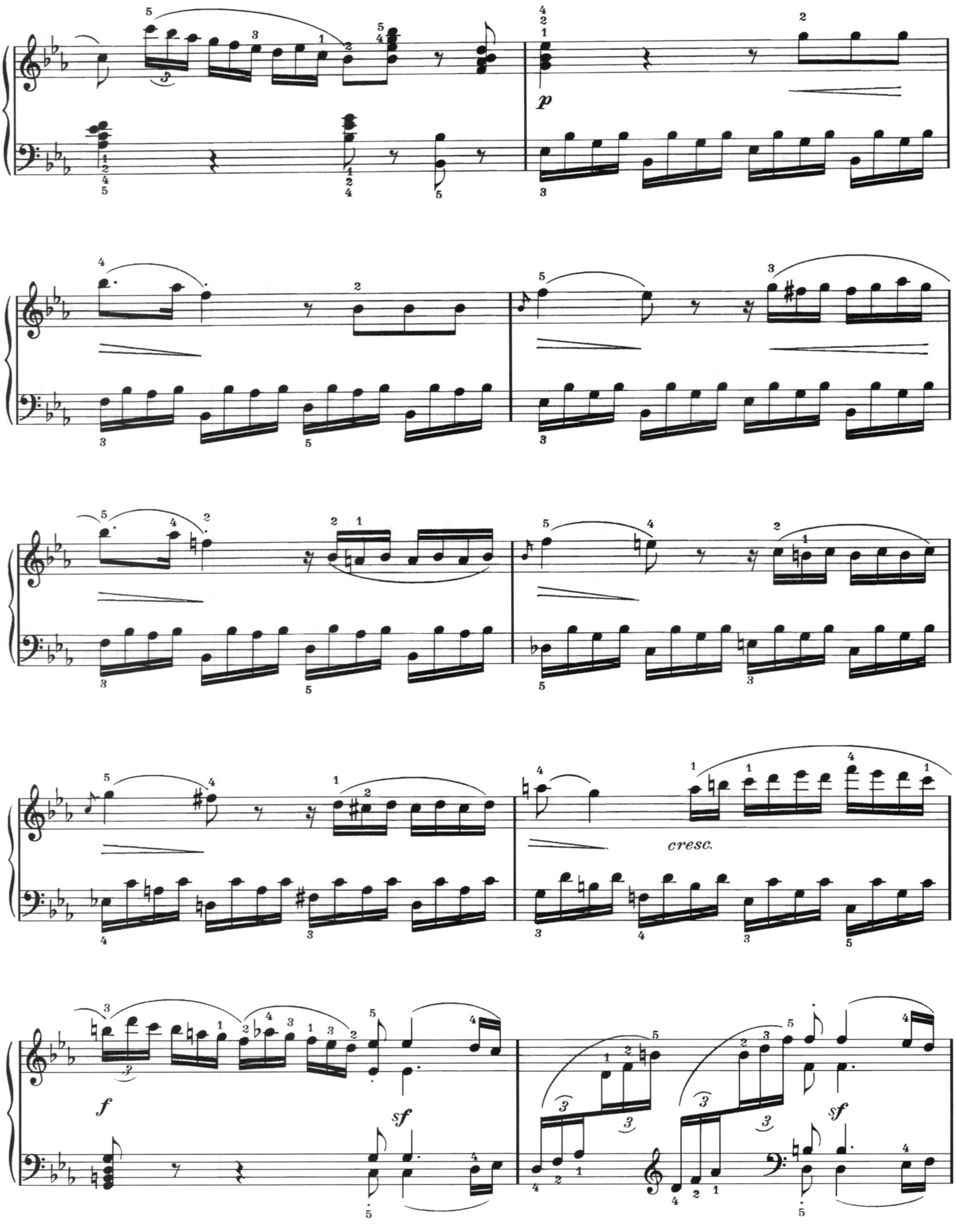
cresc.

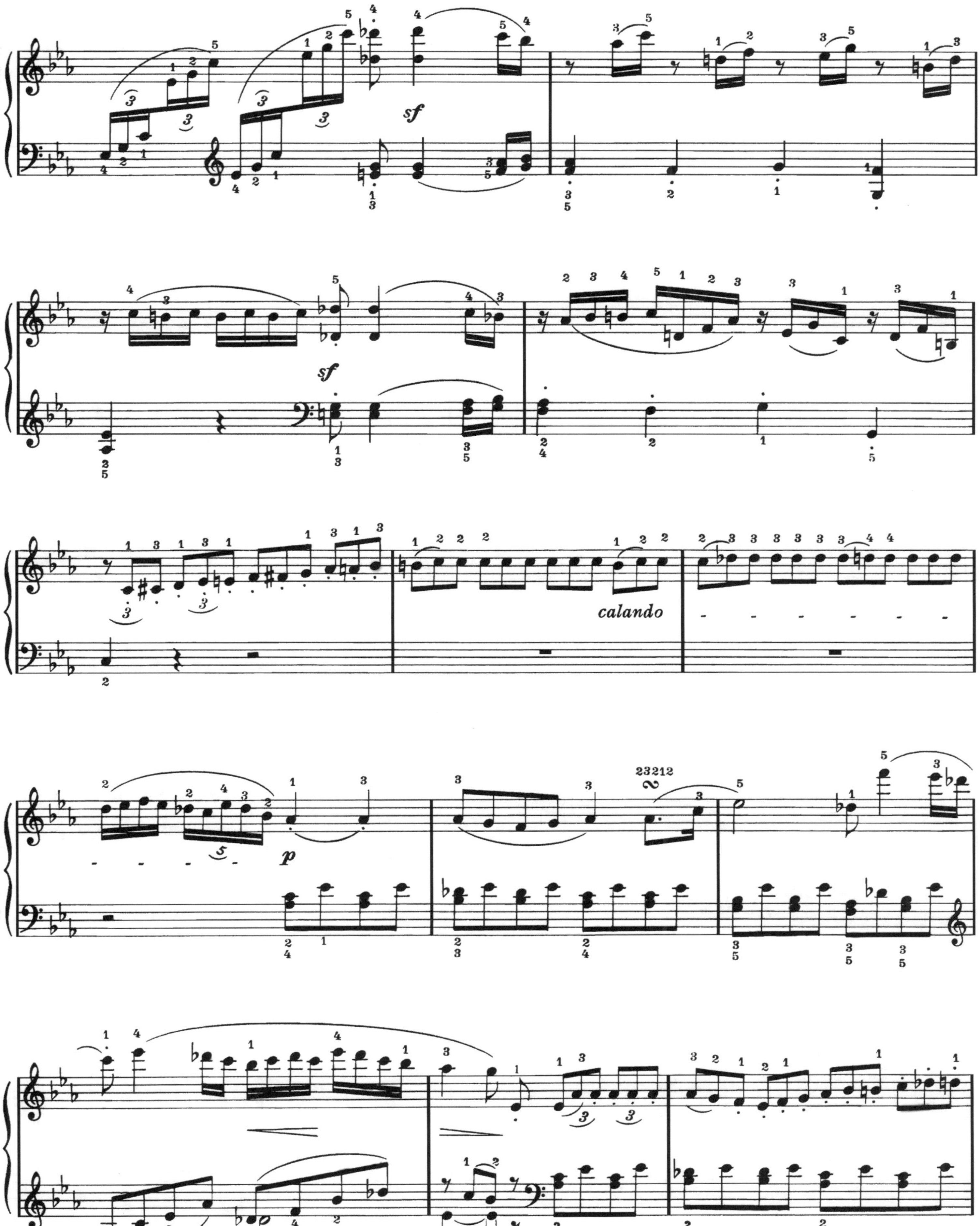
sf
sf
calando
p

52

O MELHOR DA MÚSICA CLÁSSICA

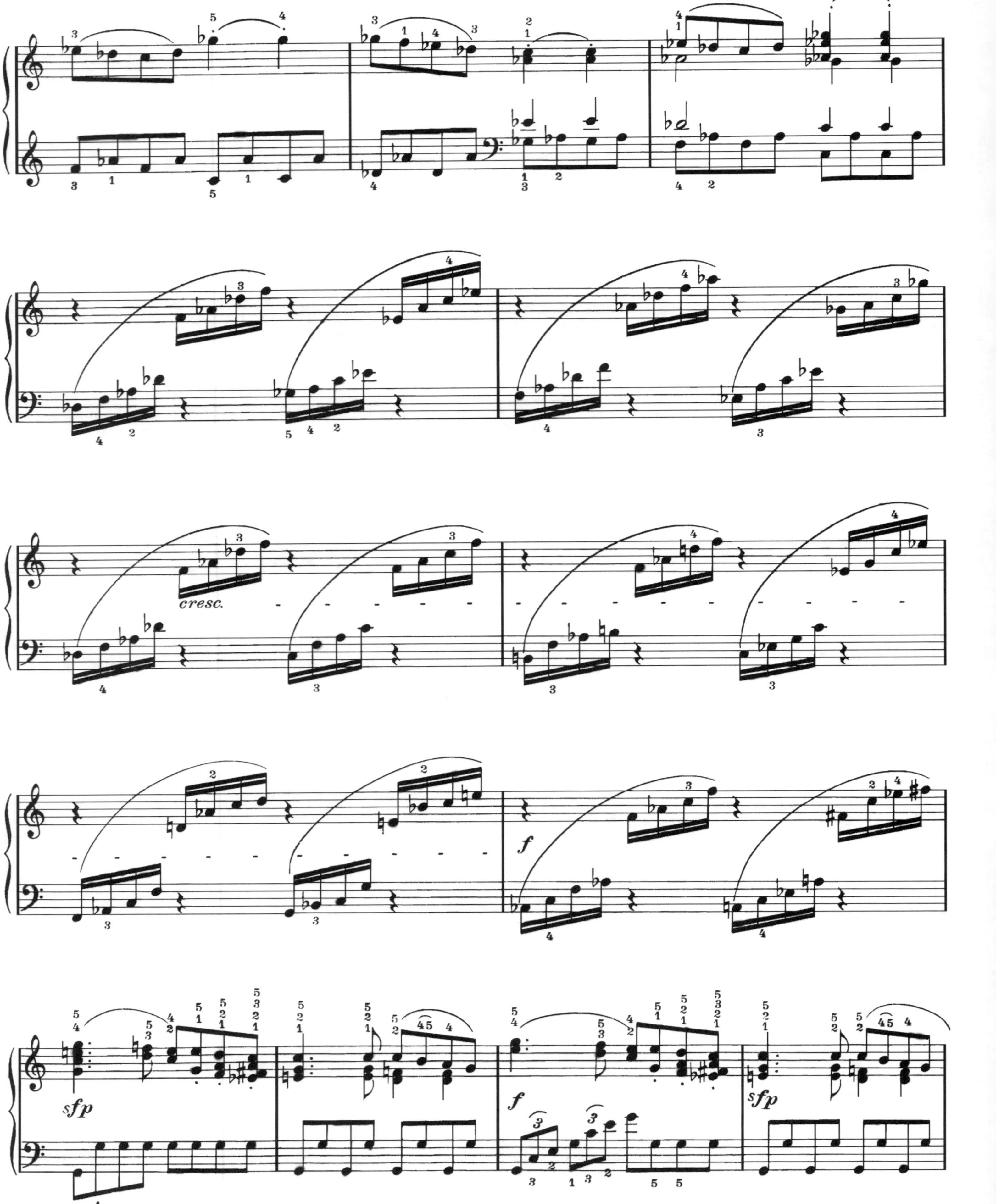
cresc.
f
sfp
f
sfp

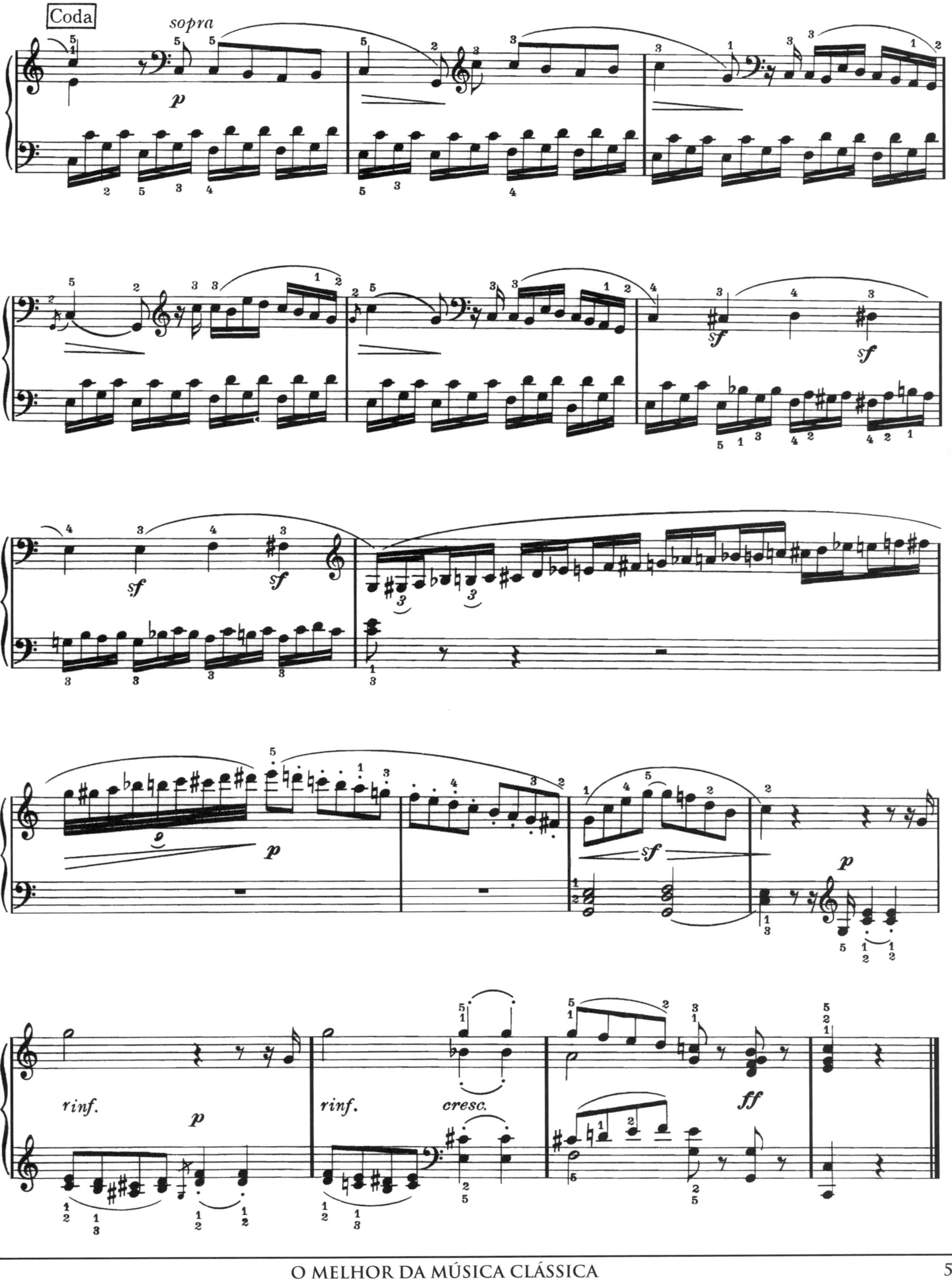
Coda
sopra
p
sf
rinf.
cresc.
ff

Barcarola

(Junho)

Op. 37, nº 6

Revisão de Souza Lima

PYOTR I. TCHAIKOVSKY

Poco più mosso

scherzando
cresc.
string.
poco ritenuto
Lento
Andante cantabile

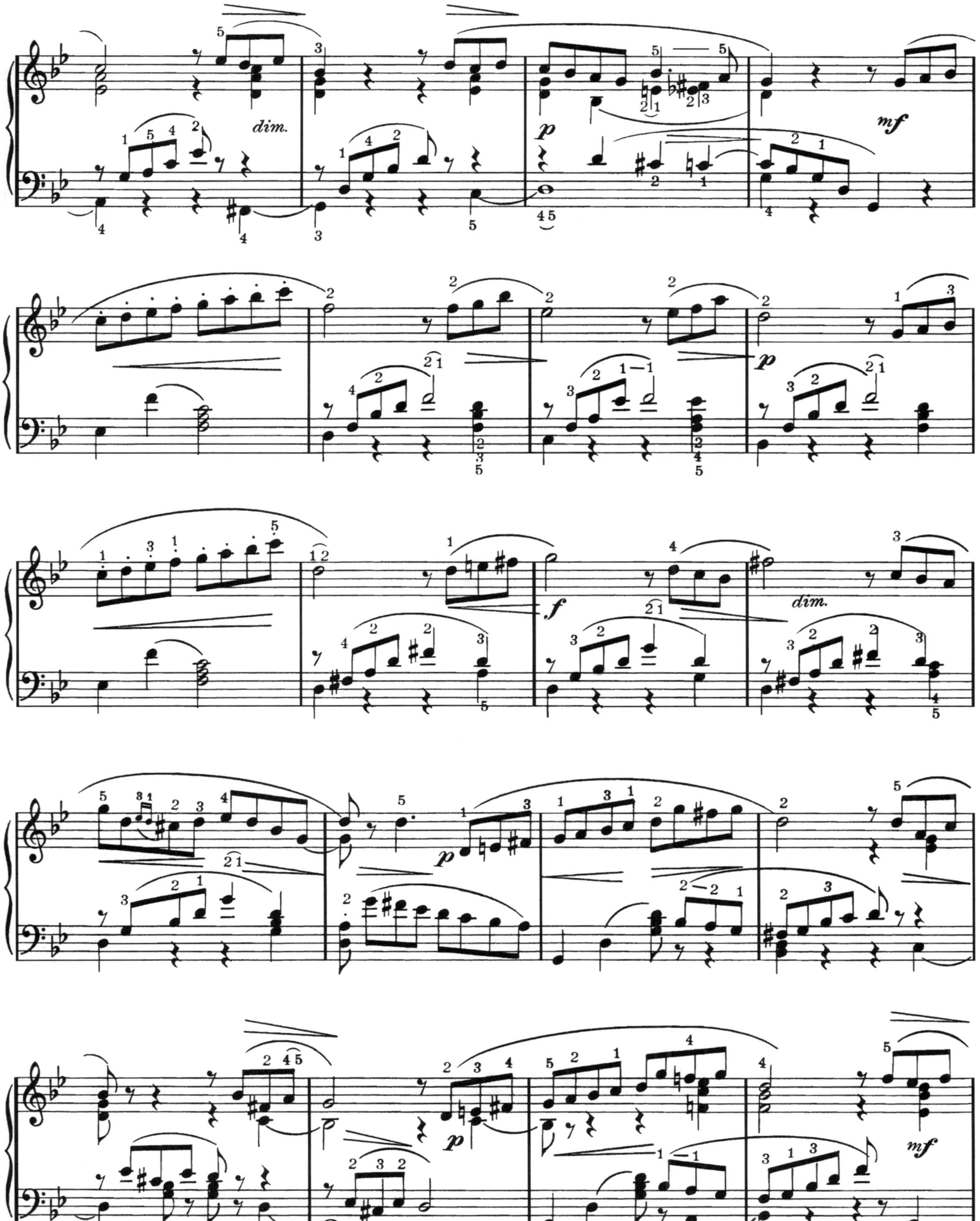
dim.
p
mf
p
f
dim.
p
p
mf

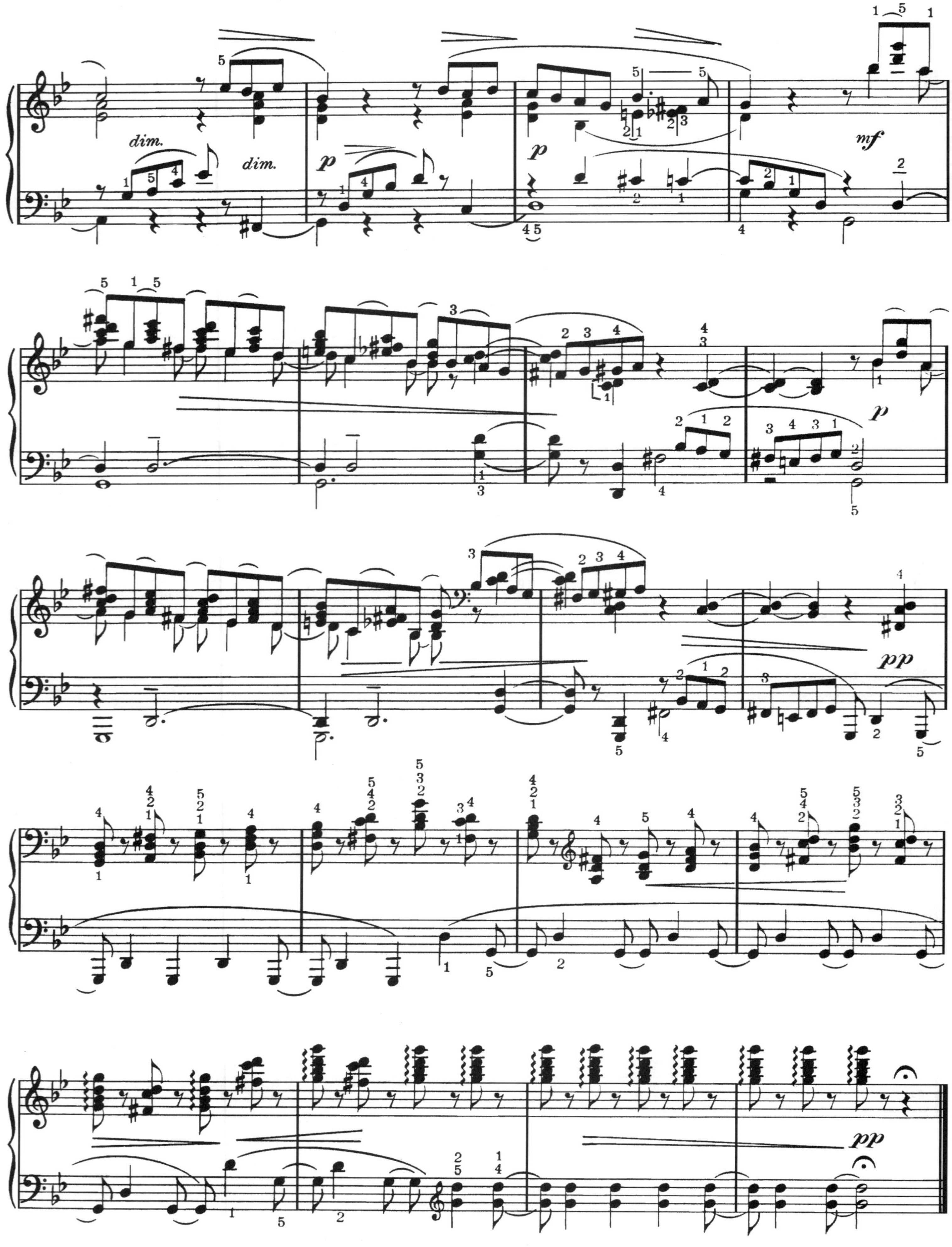
dim.
dim.
p
p
mf
p
pp
pp

Ao diretor da faculdade Marcelo Tupinambá, Prof. Carlos Roberto Randi

Impressões do além

LOURDES FRANÇA

m.d.
m.s.
rall...
a tempo
morcegos esvoaçam de um
lado para outro
8va
vivo
cadência
aumenta o pavor!
Corre de um lado para outro
procurando uma saída
rall......
cadência... vivo
o medo aumenta
e ele se encolhe num canto
enquanto os morcegos
cresc...
esvoaçam à sua volta

8va
rall...
rall...
pp rall...
p
a tempo
Falta-lhe o fõlego
afrett...
respira com dificuldade e, apavorado, grita
ff rall...
rall...
fff
a tempo
ppp
D.C. al fine
corre e foge depois
de mais alguns sustos

Ao meu "Pinguinho" Rosely Antunes

Baiãozinho

T. TUMA

O MELHOR DA MÚSICA CLÁSSICA

Asturias

(Leyenda)
Op. 47, nº 5

Revisão e dedilhado de Heitor Alimonada

ISAAC ALBENIZ

Allegro (♩ 138)

O MELHOR DA MÚSICA CLÁSSICA

di........mi......nu......en.....do

di........mi......nu......en.......do

Più lento (♩ = 92)

sonoro
poco riten.
pp
pp
poco riten.
pp
pp
senza rubato
riten.
pp
a tempo
meno p
tenuto
riten.
f
stretto
riten.
p
riten.
mf
dim.
p

poco f
rit.
a tempo
mf
rit.
a tempo
p
rit.
a tempo
pp
a tempo
sempre pp
ritenuto
p
più lento
pp
più p
ppp
Tempo I
Da Capo
al
e
Coda
Coda
Lento
p
parlato
rall.
Tempo I
tranquillo
p
pp
pp

Dedicada ao Prof. Alfredo Messina

Batuque

Dança afro-brasileira

YVES RUDNER SCHMIDT

72

Mais animado

Fantasia em Ré menor

nº 397 do catálogo Köchel

Revisão de Osvaldo Lacerda

WOLFGANG AMADEUS MOZART

O MELHOR DA MÚSICA CLÁSSICA

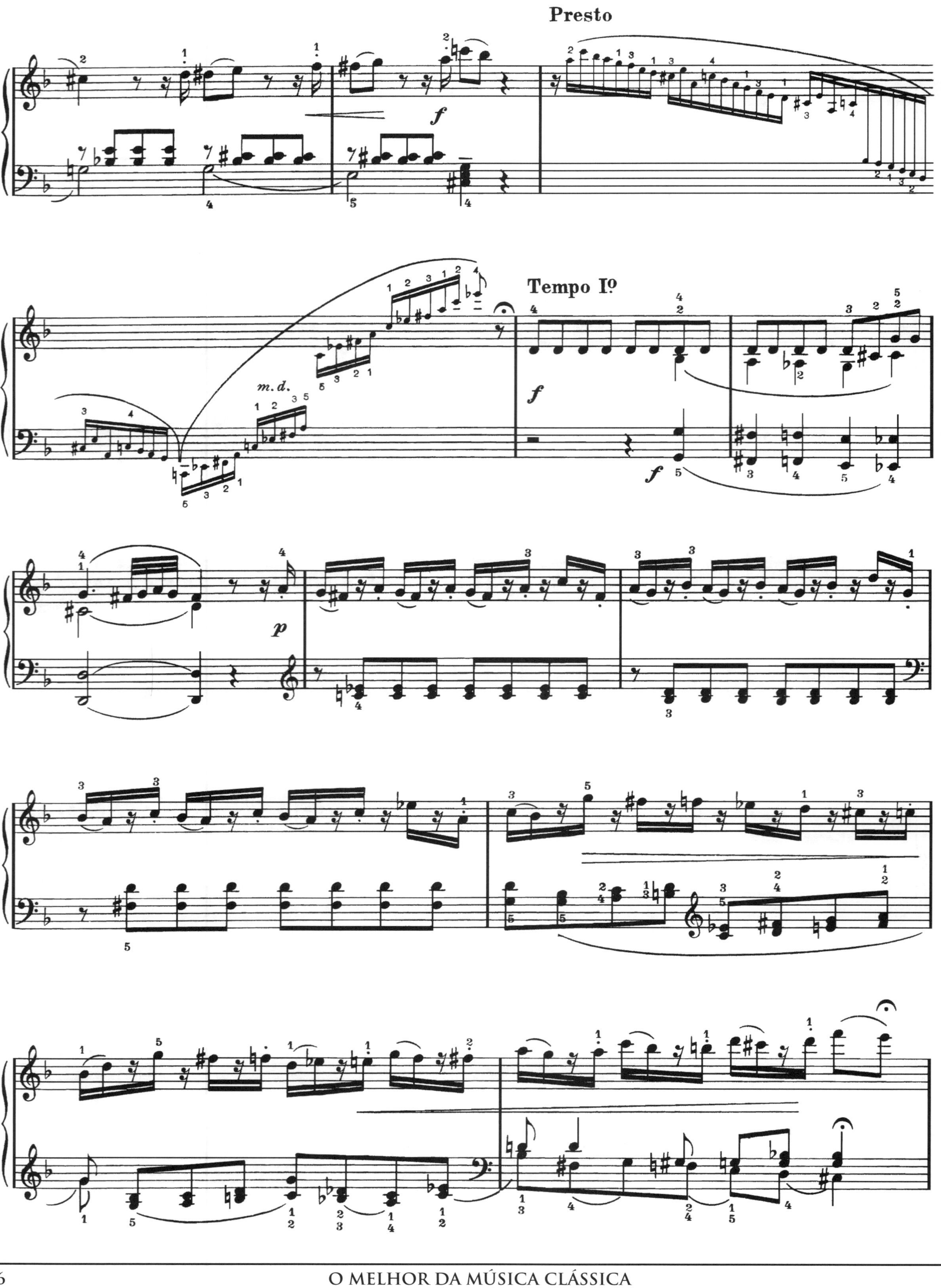
Presto
Tempo Iº
m. d.

O MELHOR DA MÚSICA CLÁSSICA

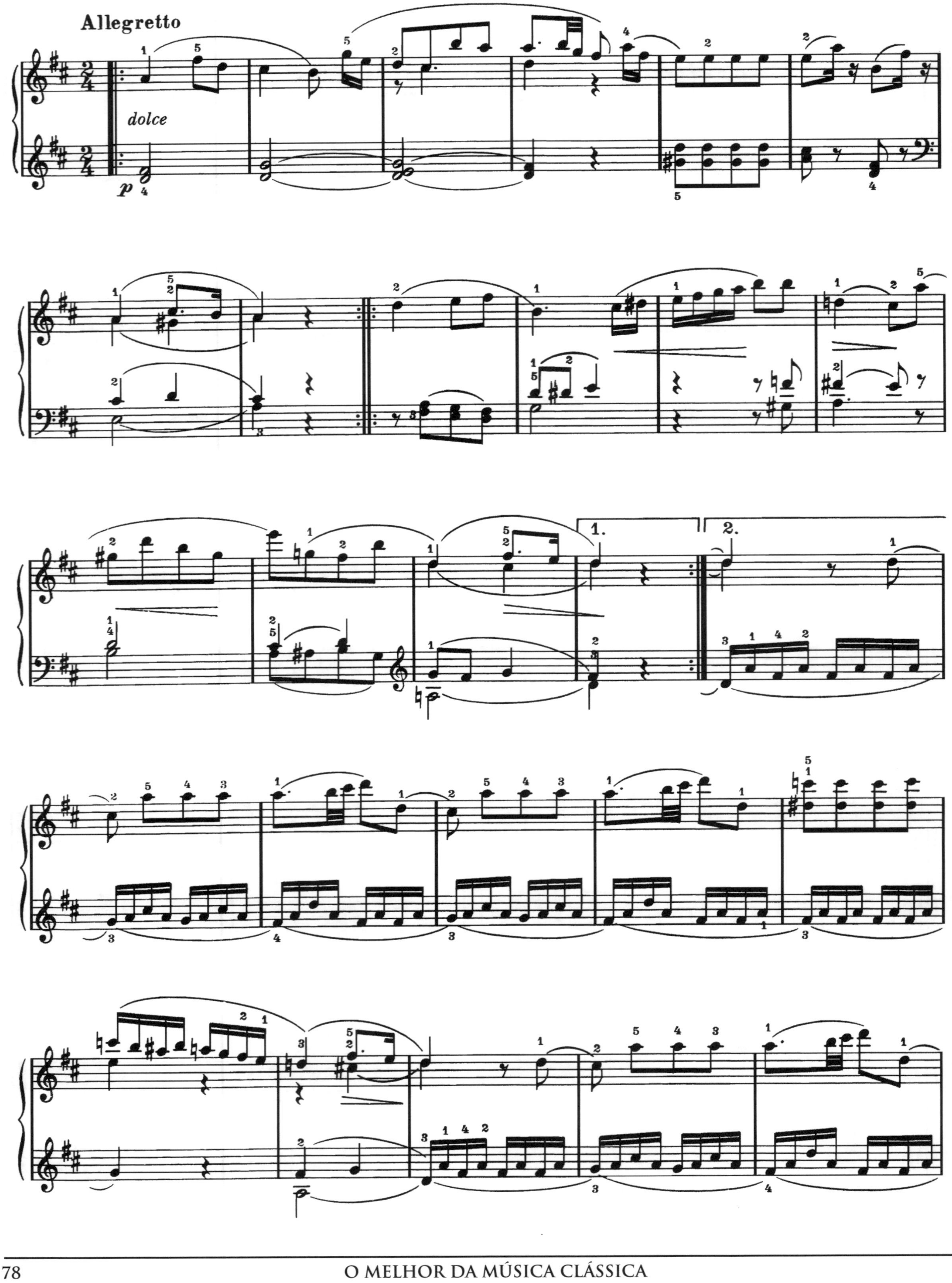
Allegretto
dolce
p
1.
2.

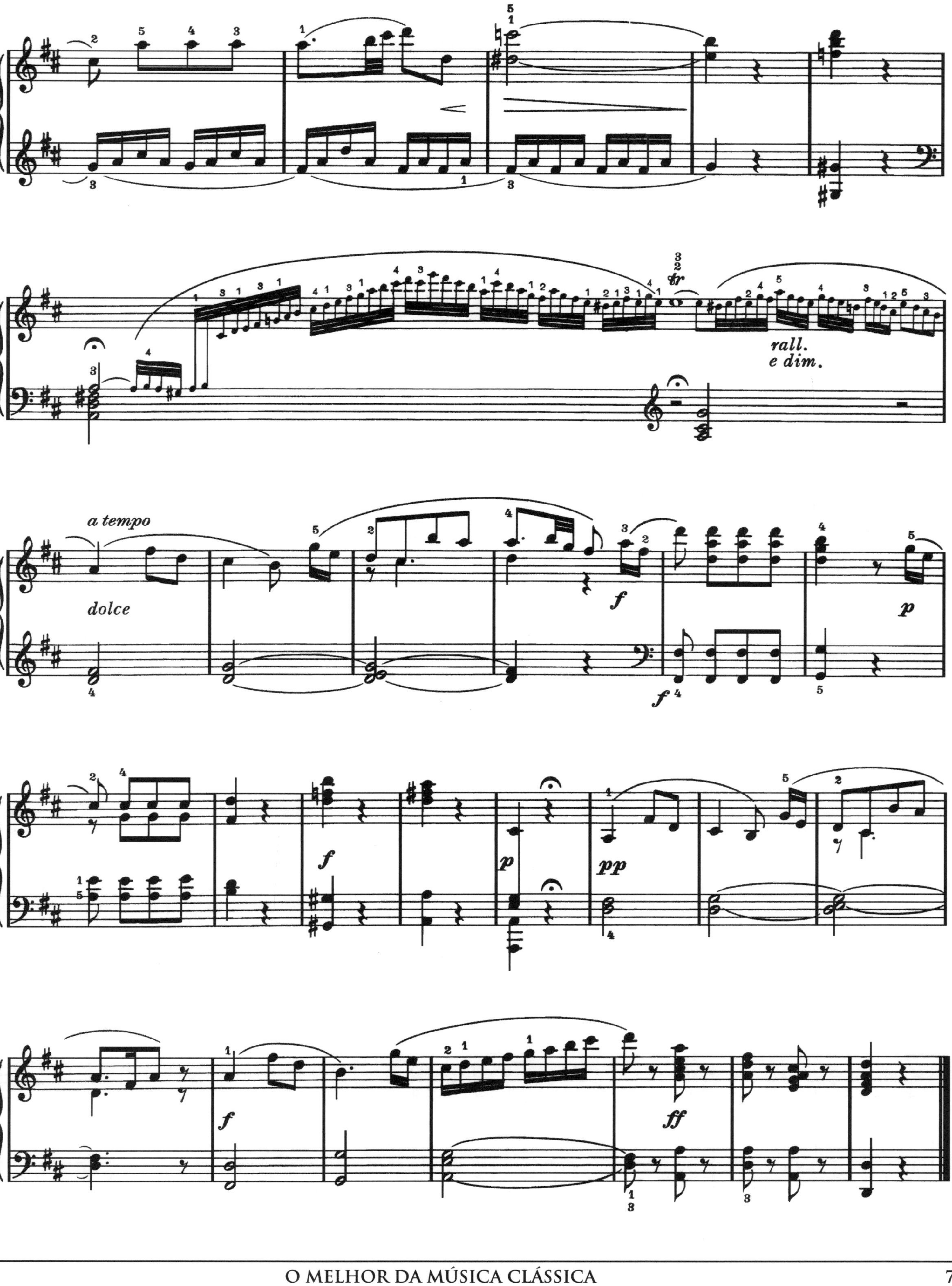
rall.
e dim.
a tempo
dolce

Contos de Hoffmann
Barcarola

JACQUES OFFENBACH

O MELHOR DA MÚSICA CLÁSSICA

La fille aux cheveux de lin

Revisão e dedilhado de Souza Lima

CLAUDE DEBUSSY

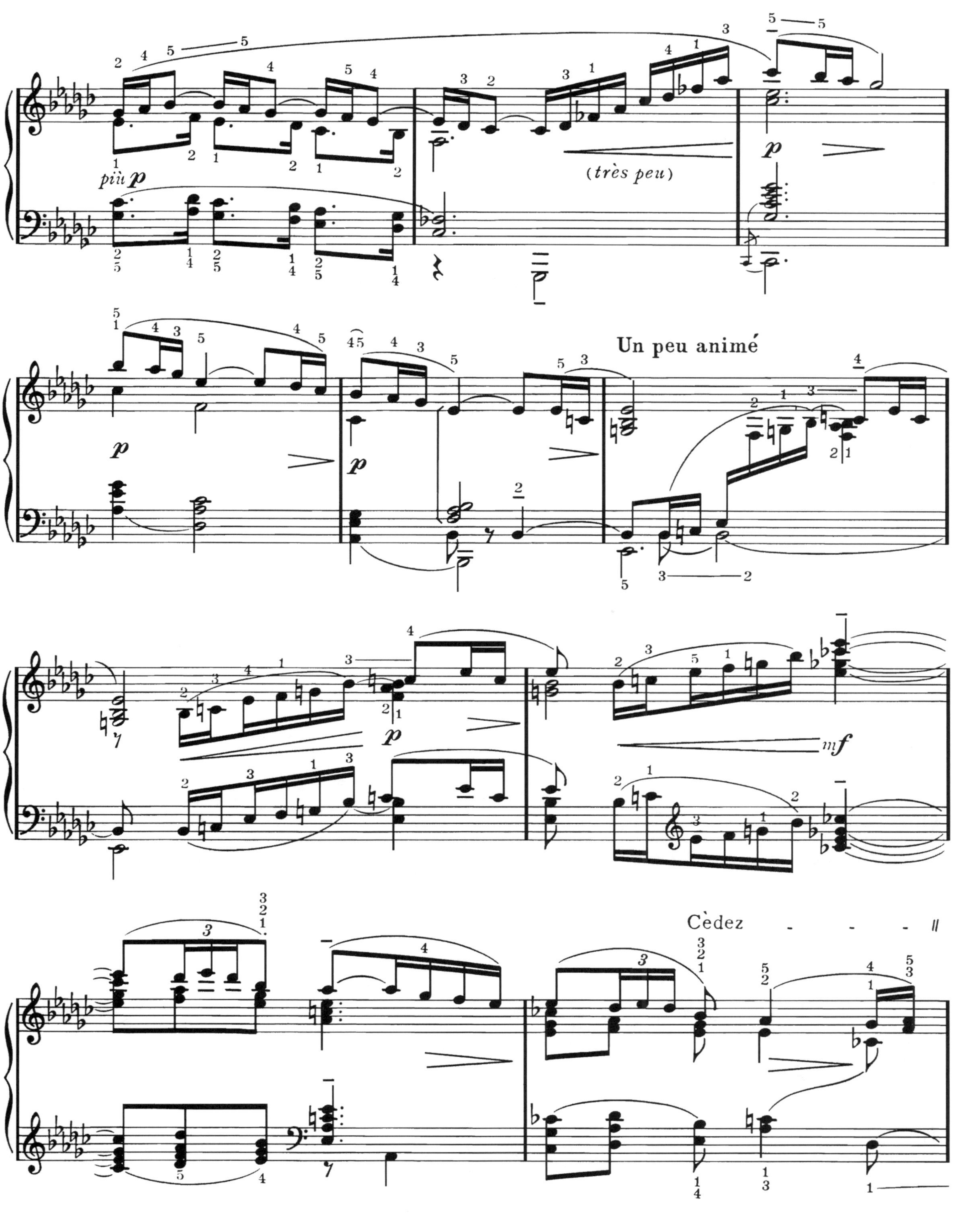
più p
(très peu)
Un peu animé
Cèdez

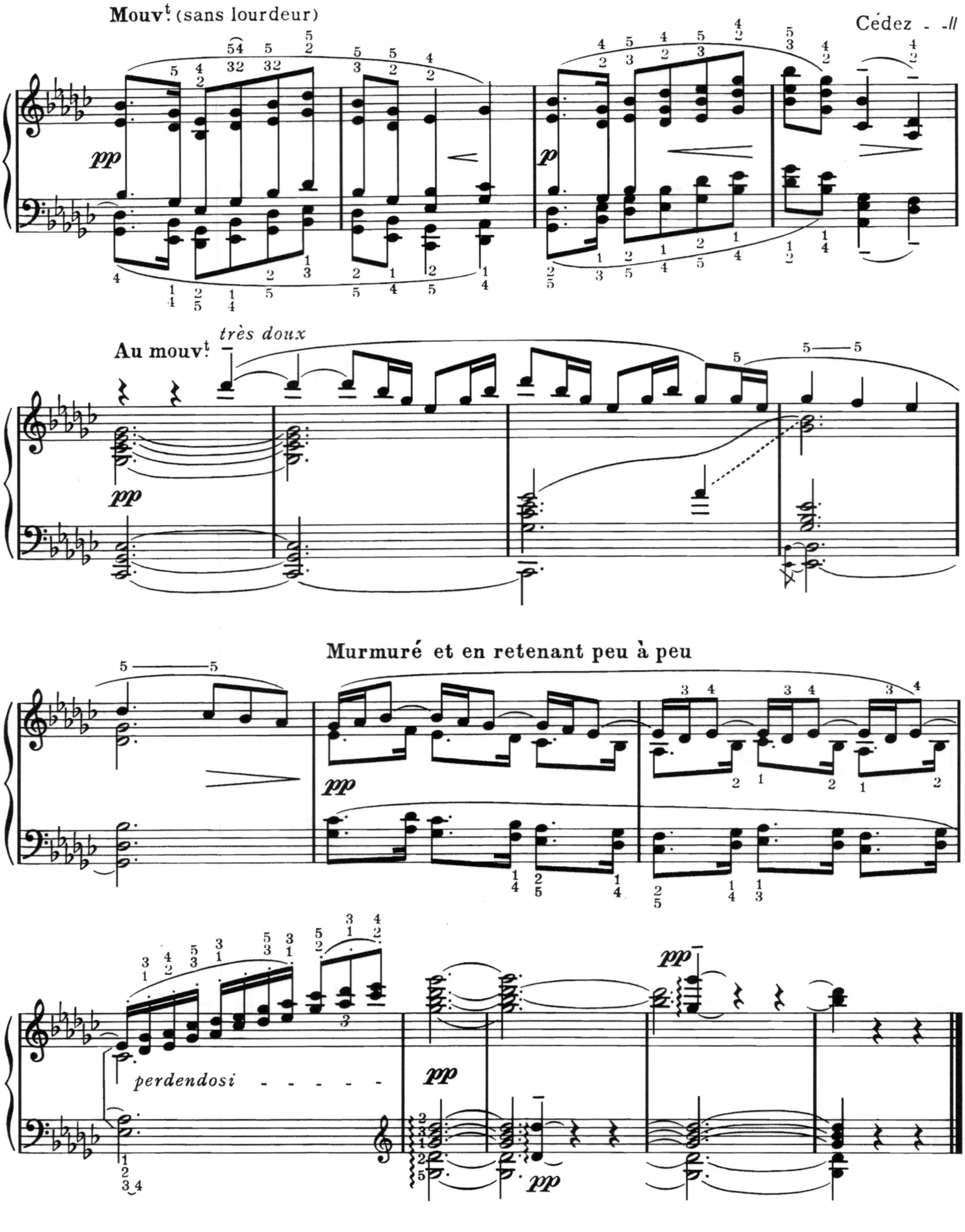
Mouvt (sans lourdeur)
Cédez - -//
Au mouvt
très doux
Murmuré et en retenant peu à peu
perdendosi - - - - - -
pp
p

Vozes da primavera

Valsa
Op. 410

Johann Strauss

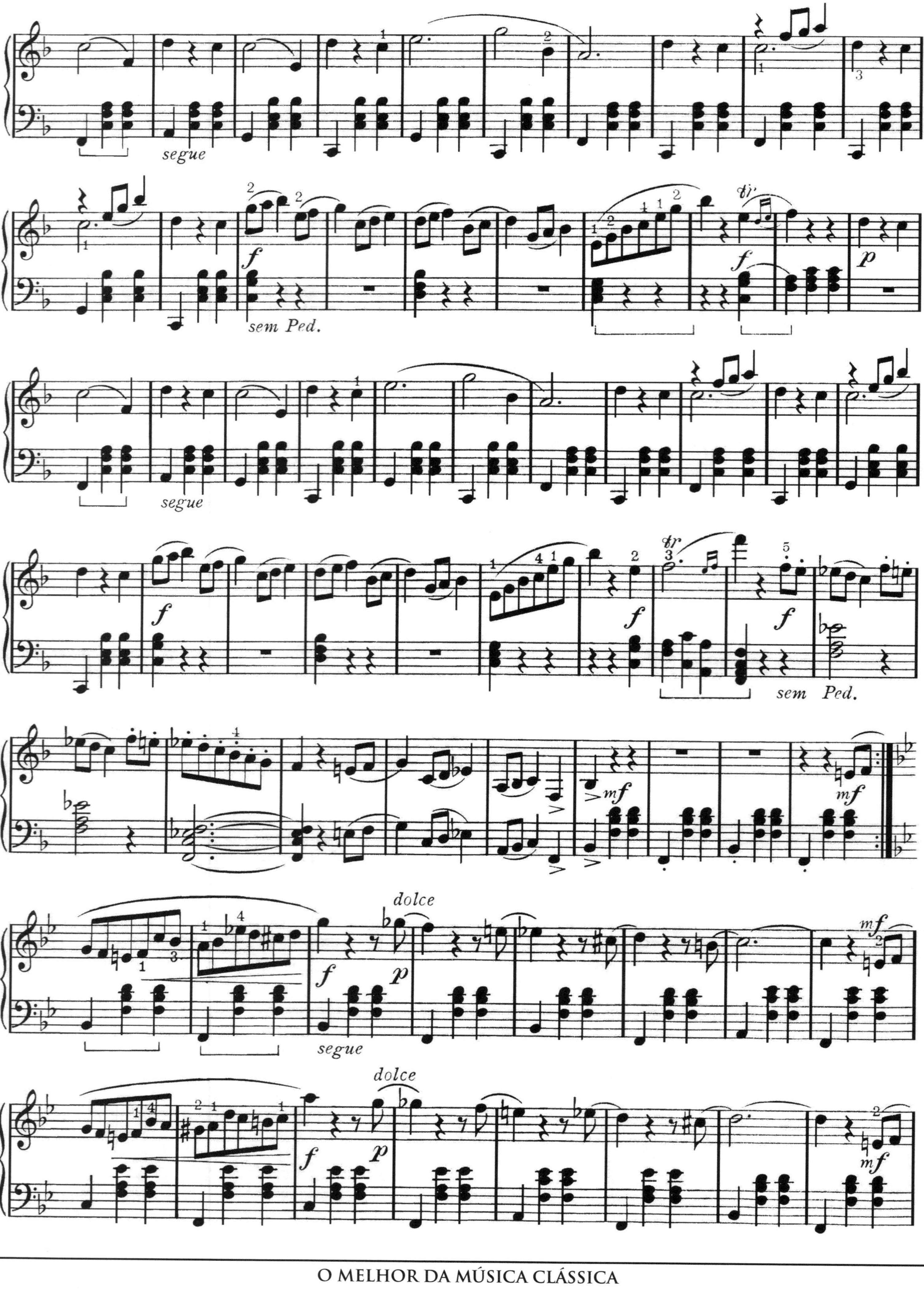
segue
sem Ped.
segue
sem Ped.
dolce
segue
dolce

O MELHOR DA MÚSICA CLÁSSICA

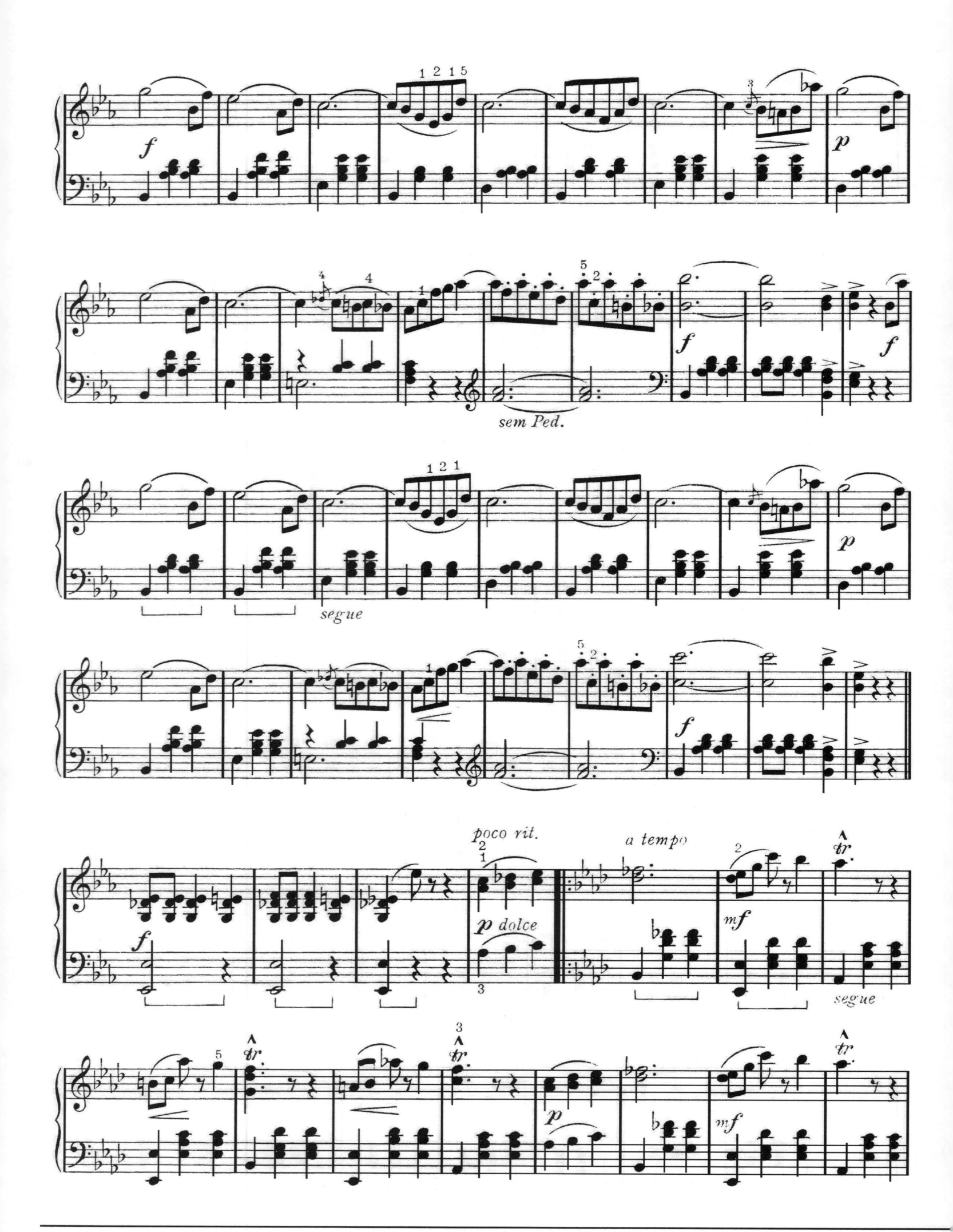
f
p
sem Ped.
segue
poco rit.
a tempo
p dolce
mf
tr

O MELHOR DA MÚSICA CLÁSSICA

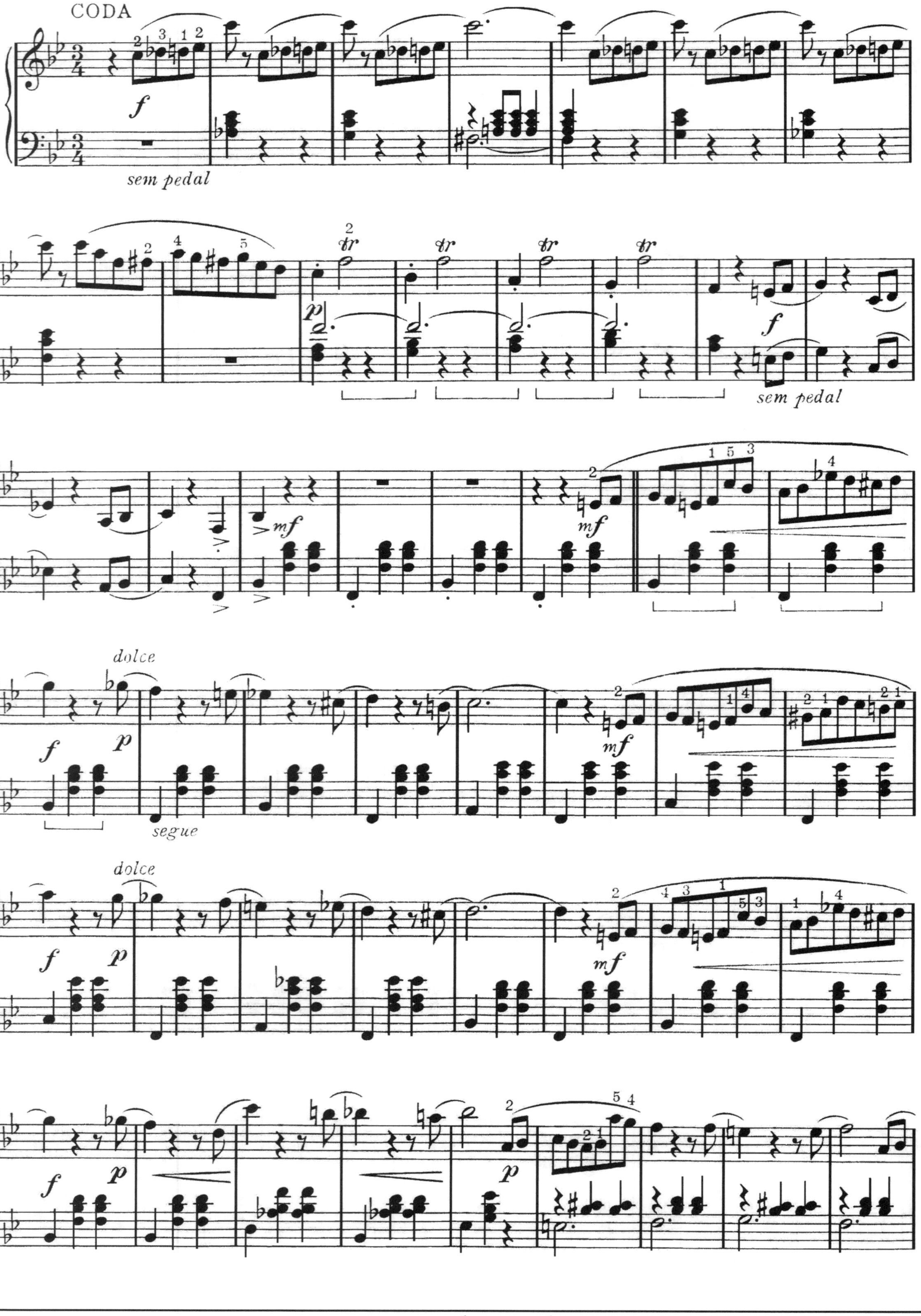
CODA
sem pedal
sem pedal
dolce
segue
dolce

O MELHOR DA MÚSICA CLÁSSICA

Dança húngara

nº 5
(em Fá sustenido menor)

Revisão de Moura Lacerda

JOHANNES BRAHMS

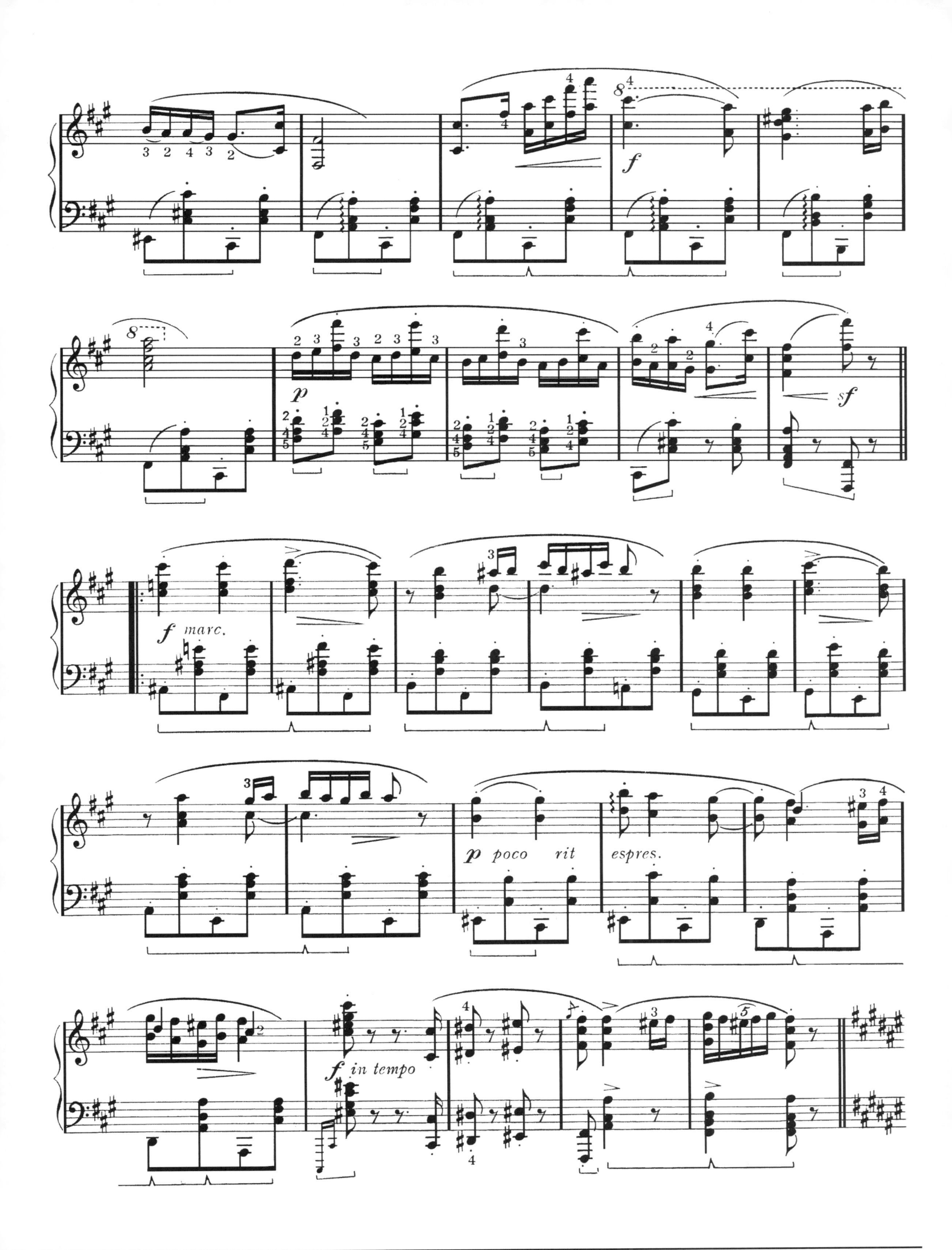
marc.
poco
rit
espres.
in tempo

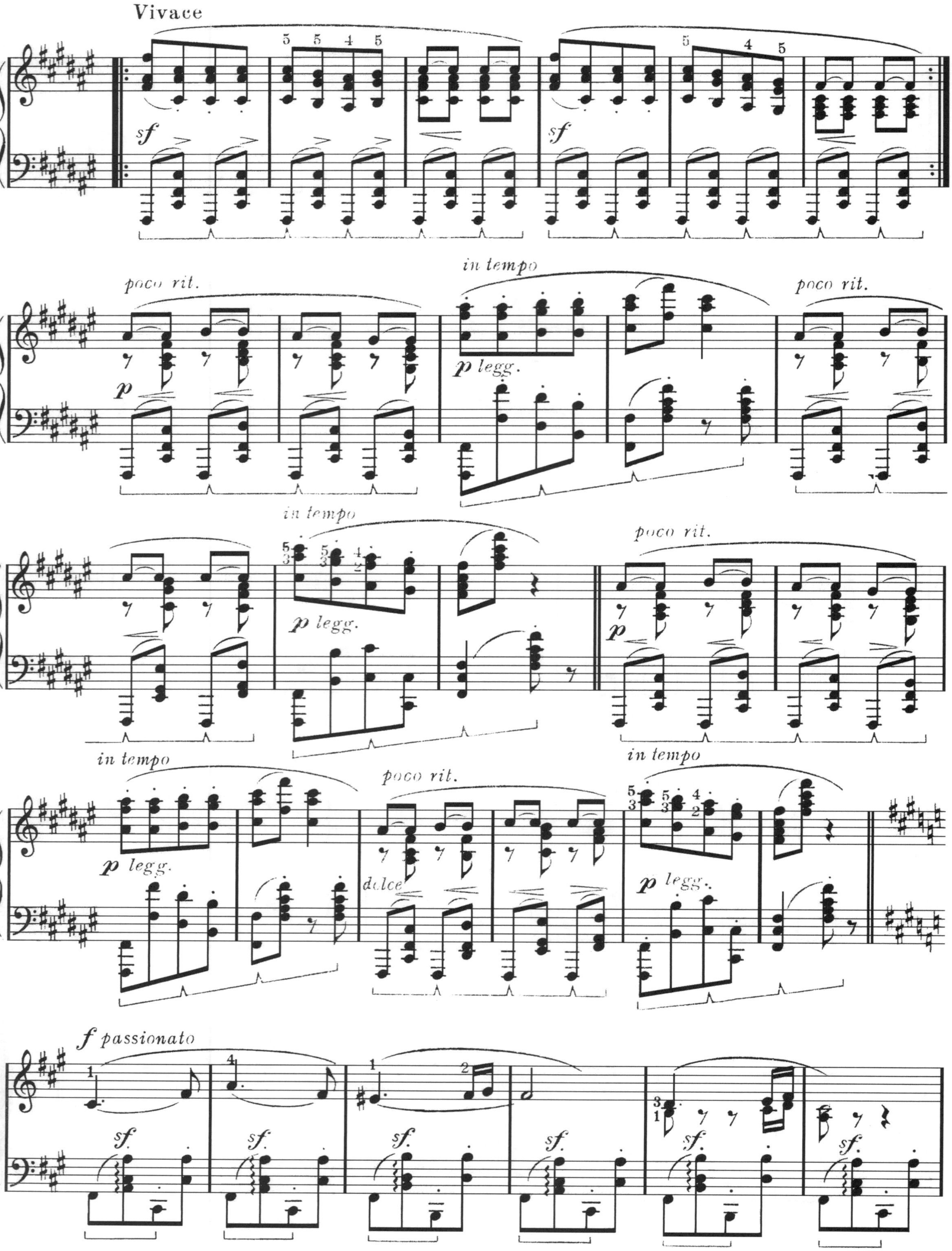
Vivace
sf
poco rit.
in tempo
p legg.
dolce
f passionato

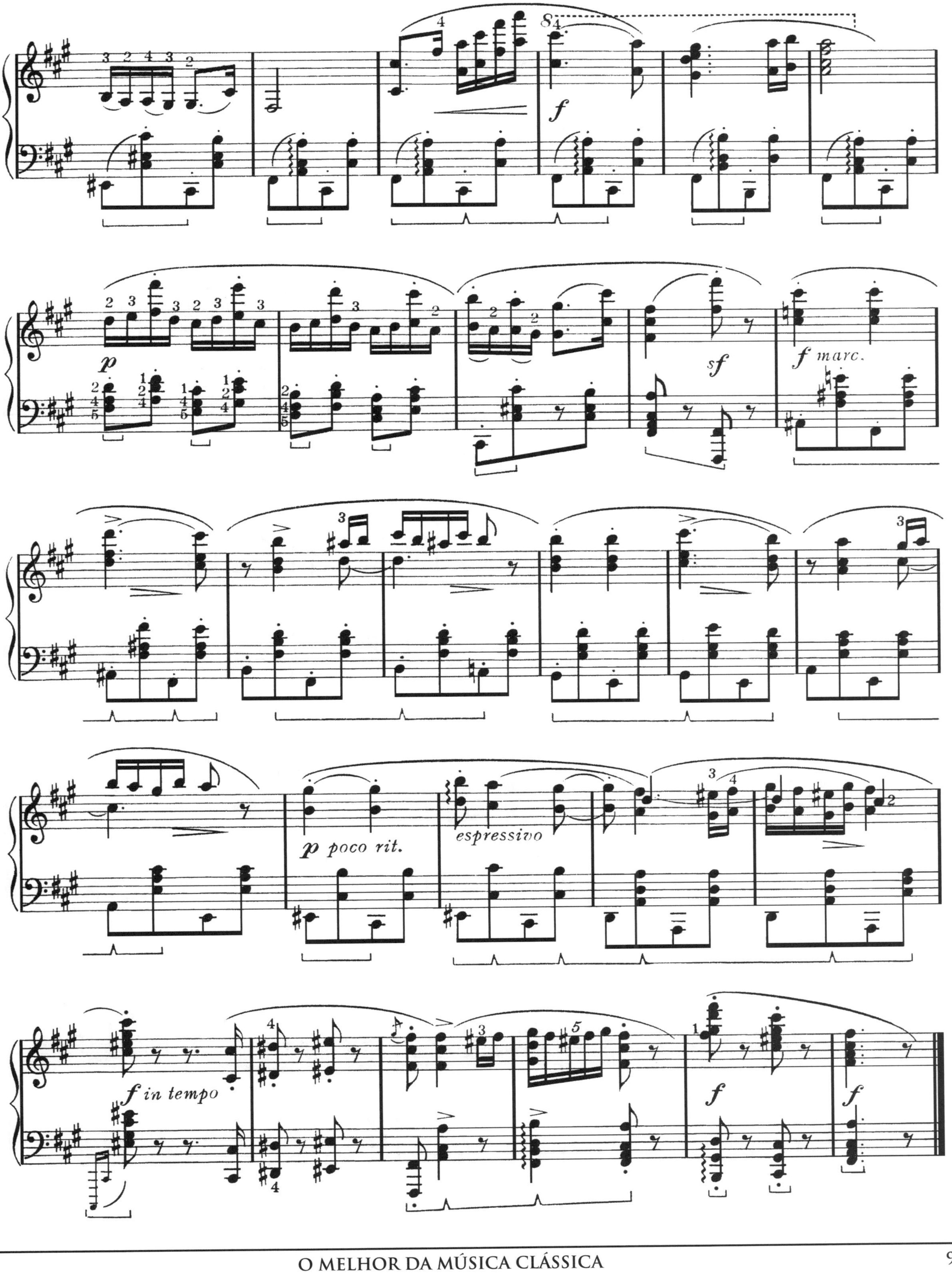
f
p
sf
f marc.
p poco rit.
espressivo
f in tempo

Valsa do Adeus

Op. 69, nº 1

Edição simplificada por Souza Lima

FRÉDERIC CHOPIN

O MELHOR DA MÚSICA CLÁSSICA

98
O MELHOR DA MÚSICA CLÁSSICA

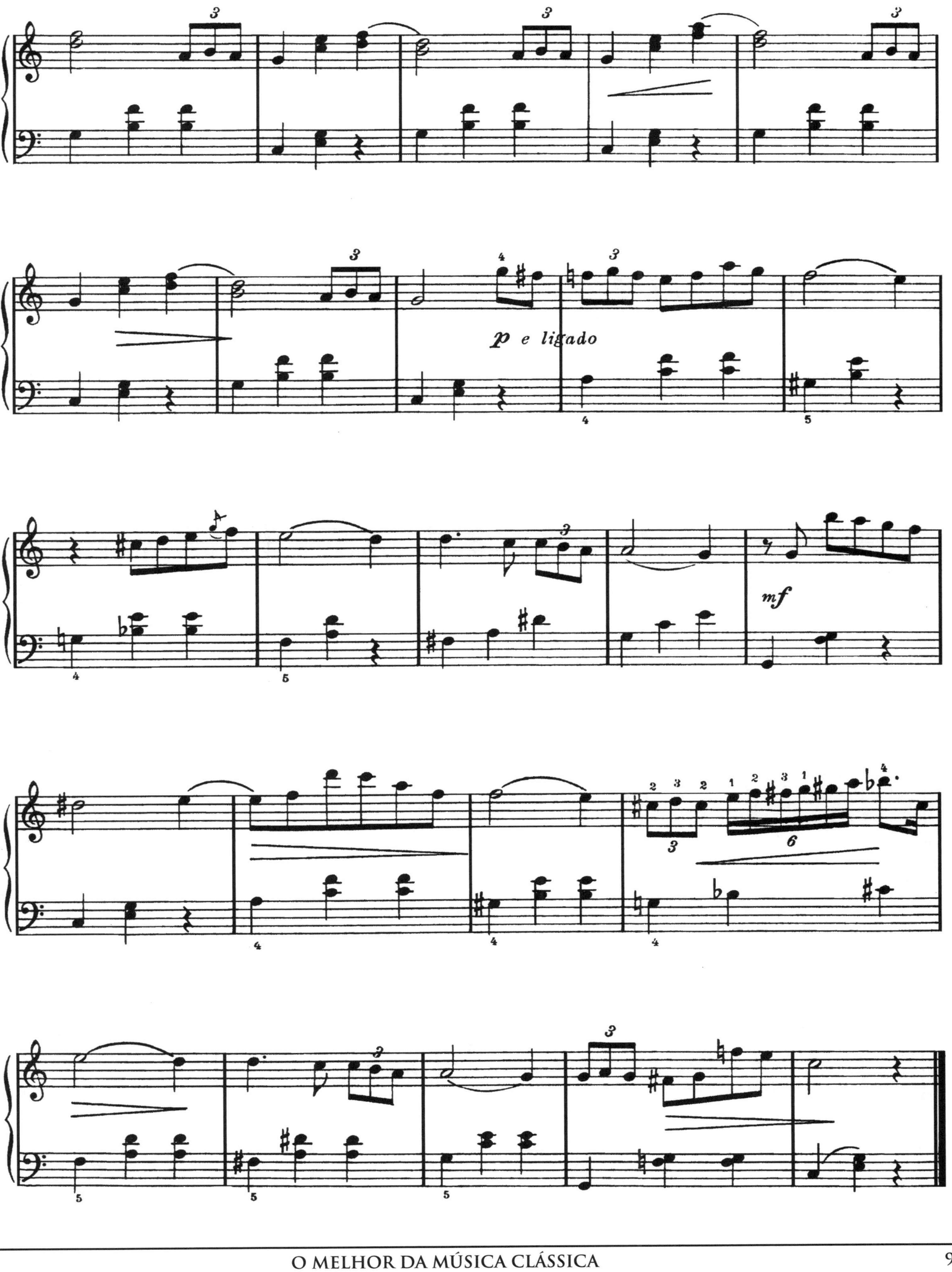
p e ligado
mf

Sonata

em Dó Maior

Revisão de Souza Lima

DOMENICO SCARLATTI

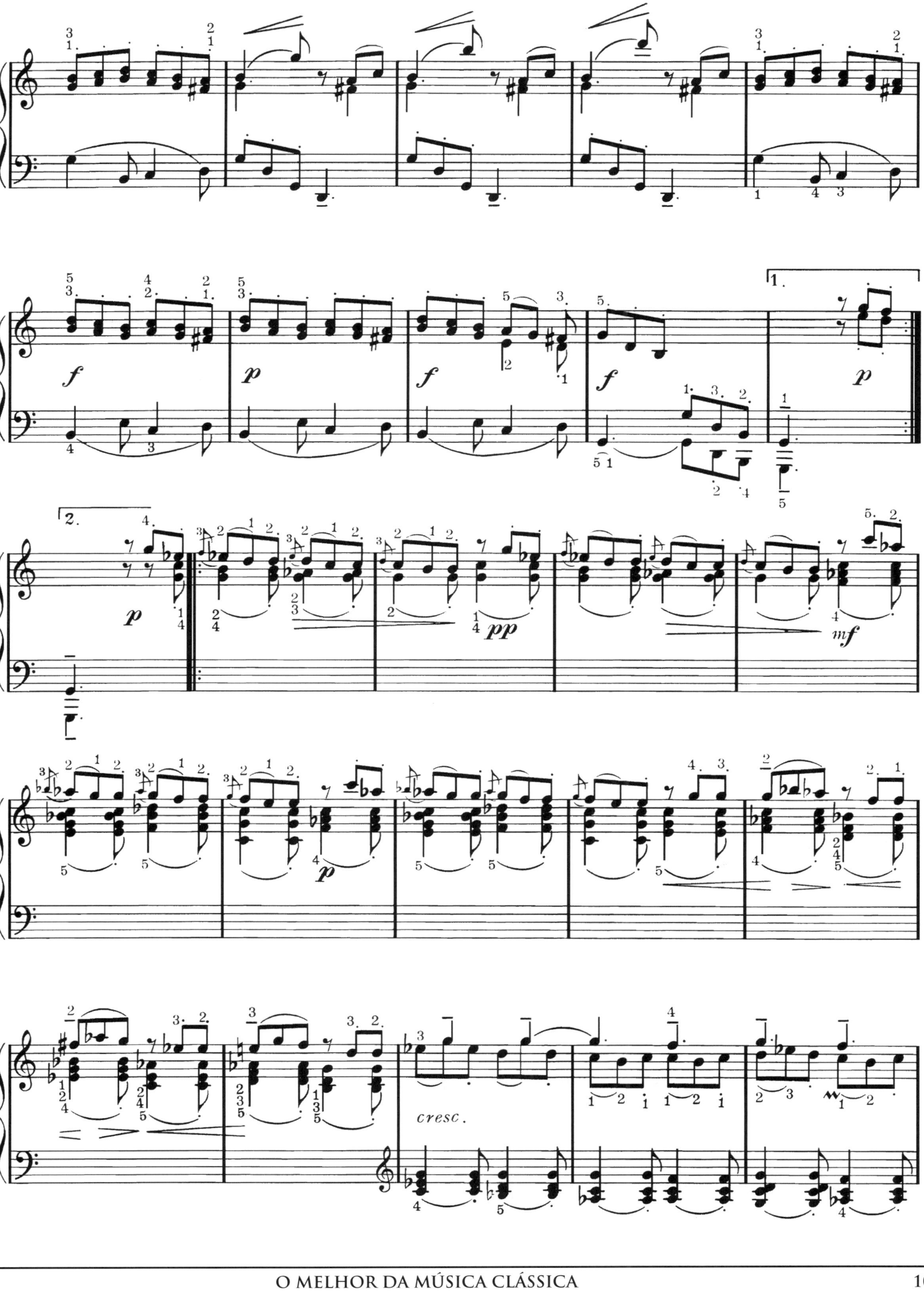
1.
2.
cresc.

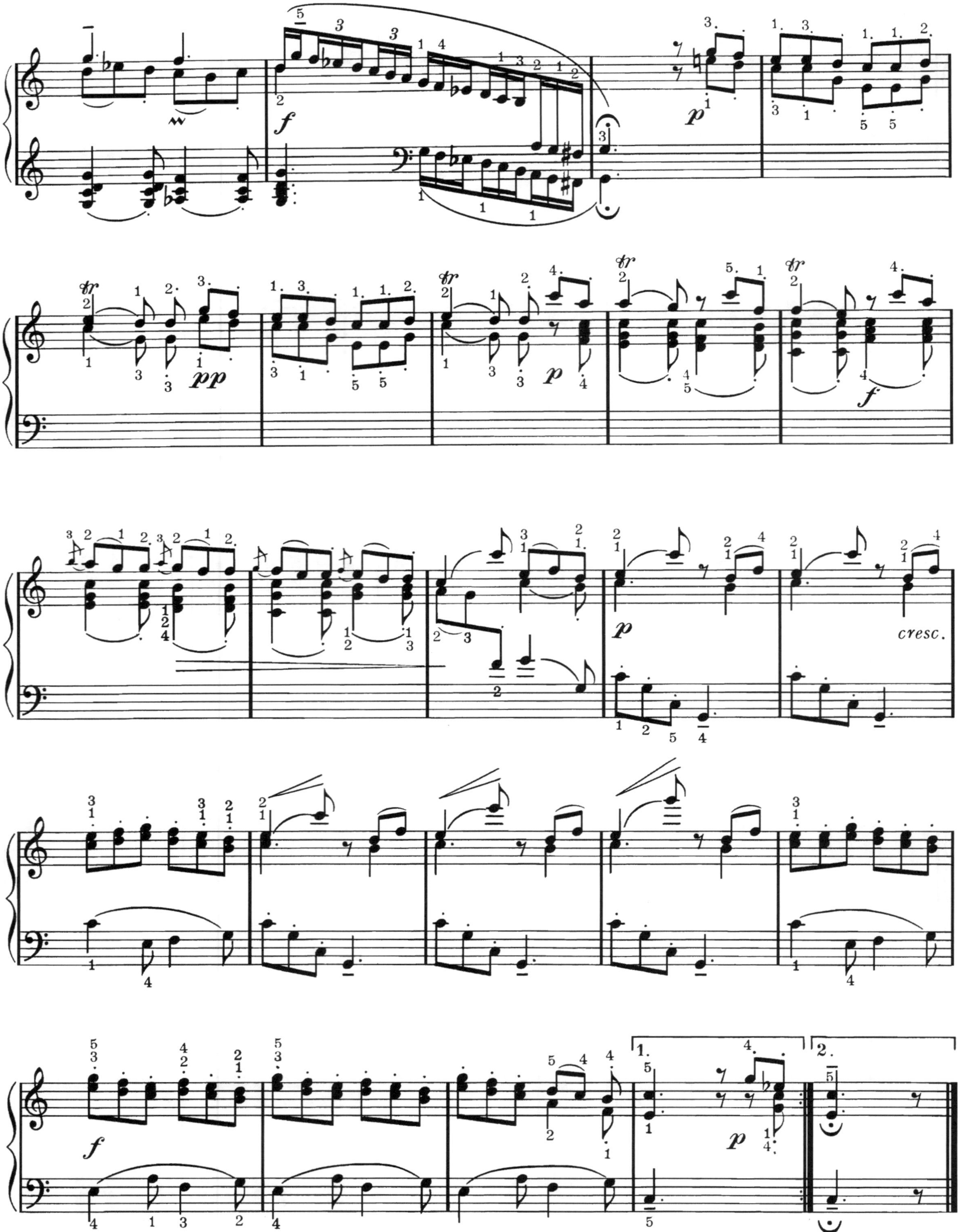
cresc.